'83

L'ART,

LE

CAPITAL ET LA PATENTE,

ou

ESSAI SUR L'ORGANISATION DU TRAVAIL,

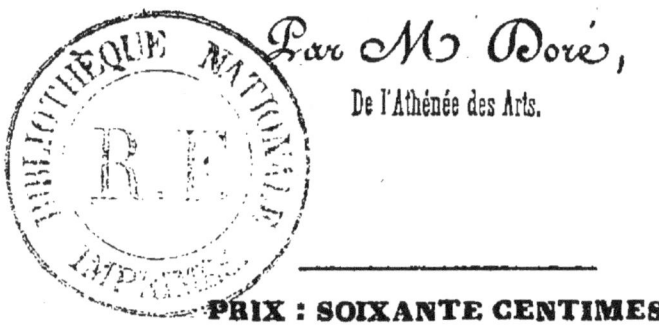

Par M. Doré,

De l'Athénée des Arts.

PRIX : SOIXANTE CENTIMES.

A PARIS,

Chez T. MORONVAL, rue St-Jacques, 41 ;

ET CHEZ L'AUTEUR,

Grande Rue d'Austerlitz, 2, faubourg St-Marcel,
ou rue des Moineaux, 28.

—

1848.

L'ART,
LE CAPITAL ET LA PATENTE,

OU

ESSAI SUR L'ORGANISATION DU TRAVAIL.

La Révolution de 1848 présente des difficultés bien plus graves que celle de 1789 et surtout que celle de 1830. La Révolution de 1830 fut toute politique, au contraire celle de 1848 est à la fois une Révolution politique et sociale; il ne s'agit plus seulement d'un Gouvernement à réédifier, il faut encore élever parallèlement à ce Gouvernement un ordre social tout entier dans lequel le Salaire et le Travail des Prolétaires doivent jouer le rôle principal.

Telle est la difficulté de la situation.

Comme aujourd'hui, la Révolution de 1789 n'était pas toute politique. A côté de la constitution libérale qu'on voulait donner à la France, il y avait encore un ordre social à modifier. Comme aujourd'hui, il fallait retremper les élémens du Travail et de l'Industrie. Des plaintes vives, incessantes, anciennes, générales, s'élevaient à ce sujet. Mais ces plaintes amères ne portaient pas comme de nos jours sur le défaut d'organisation du Travail; on le trouvait trop organisé, trop entravé. Les maîtrises et les jurandes avaient fait leur temps. Créées à de certaines époques de la monarchie où les Arts sortaient l'un après l'autre d'un enfantement pénible, elles avaient été utiles et avaient porté d'heureux fruits. Dans certains corps d'état l'on assure qu'elles en portaient encore en 1789; mais enfin ces institutions n'étaient plus à la hauteur des circonstances. Avec le temps, et c'est ce qui arrive aux meilleures choses, il s'y était introduit de graves abus; l'on peut juger même que ces abus dataient de loin, puisqu'on lit dans le testament politique de M. de Colbert que, déjà de son temps, on reconnaissait que les réglemens créés pour protéger et favoriser le développe-

ment du Travail et de l'Industrie les entravaient péni-
blement.

L'Assemblée constituante en 1789 ne se dissimula pas
les embarras, les dangers de la position. Il s'agissait de
modifier profondément cette multitude de réglemens dont
on se plaignait. C'était un travail long, ardu, gigan-
tesque. Il n'y avait que l'imperturbable patience d'un
Parlement britannique qui eût pu accomplir une pareille
œuvre, mais la vivacité d'un Parlement français n'avait ni
le temps ni la volonté de s'en occuper. Alors, que fit-on?
On supprima tout : c'était plus facile, ce fut plus tôt fait.
A ces innombrables réglemens établis pour chacun des
corps d'état on substitua un réglement bien simple et
général : — Quiconque voudra être industriel, fabricant;
quiconque voudra être marchand; quiconque voudra
exercer un état quel qu'il soit, n'aura qu'à se présenter à
la Maison-de-Ville de sa commune; là il déclarera qu'il
veut exercer telle profession, il consentira à payer an-
nuellement une certaine somme réglée d'après l'importance de l'état qu'il veut faire, et aussitôt il pourra ouvrir
une boutique, une manufacture ou un magasin. Il lui
suffira d'avoir trouvé les fonds nécessaires pour faire ses

dépenses d'établissement. — Ainsi il devient tout-à-coup, de par la faveur de sa patente et de son argent, horloger, barbier, mécanicien, bijoutier, boucher, n'importe quoi, sans que jamais il n'ait fait d'apprentissage sur tout cela, ni connu quoi que ce soit de l'état qu'il embrasse; il a tout appris en prenant sa Patente; — le chef de bureau de la Préfecture en lui remettant ce papier l'inspire d'un esprit vivifiant pour son nouvel état, il sait sa profession en mettant le pied hors de la Maison-Commune. A l'instar de Minerve, il est sorti tout armé du front de Jupiter.

Quand nos Assemblées législatives eurent fait ces choses, on s'écria que c'était beau, on applaudit; on s'étonna d'avoir observé pendant tant d'années tant de vieux réglemens inutiles; on ne pouvait comprendre comment nos ancêtres avaient été assez simples pour les avoir faits, et l'on fut en admiration devant le nouveau principe.

Or ce principe si beau était qu'on pouvait à ses risques et périls et aux risques et périls du public, exercer un état quelconque sans le savoir et sans l'avoir appris.

Avec le temps ce principe prit de l'extension.

Après avoir exercé un état on put en exercer un autre, — il suffisait de changer sa patente, — un chaudronnier put devenir tailleur d'habits; — bien plus, on put exercer plusieurs états à la fois, et de nos jours on a vu des gens exercer à la fois dix, vingt professions différentes.

Là fut l'apogée de la gloire de l'Industrie moderne ; on put vendre, fabriquer de la mousseline et des souliers, des parapluies et des pendules, et tant d'autres choses, toujours en vertu de la patente.

Dans cette marche progressive des désordres de l'Industrie, le principe encore plus désordonné du rabais et de la libre concurrence apportèrent des fruits encore plus funestes et allèrent porter au loin les preuves de notre décadence et de notre moralité dans les Arts de l'Industrie.

Cependant l'admiration fut si grande pour le principe que le fisc, le fisc lui-même craignit d'interrompre cette marche ascendante de la prospérité industrielle en appliquant avec une égalité trop rigoureuse la contribution de la patente; celui qui exerçait vingt professions devait naturellement être obligé à payer vingt patentes. Il n'en fut point ainsi; il n'en paya qu'une seule. Le fisc qui, tel que la Parque inexorable, n'épargne ordinairement personne, l'épargna; sans doute il resta en admiration en présence d'un si grand effort de génie.

Je ne saurais quitter ce sujet pour passer à un ordre de choses plus important sans parler d'un des grands avantages de la patente pour celui qui la reçoit, et pour montrer combien dans nos temps modernes les législateurs ont parfois commis de lourdes inconséquences. La patente, comme je l'ai dit, donne le savoir à celui qui la paie; mais ce n'est pas tout : elle lui donne de la moralité, elle le rend honnête homme. — Bien plus, elle lui inculque la faculté de reconnaître les gens honnêtes. — Malheur à vous s'il vous faut obtenir de votre commissaire de police un certificat de probité, si vous n'avez pas eu l'avantage de faire apprécier votre moralité par deux patentés quelque petits qu'ils fussent; en vain vous auriez mérité l'estime et la considération de MM. Béranger et Lamennais, membres de l'Assemblée nationale, votre commissaire de police, votre notaire même, conformément à la loi, refuserait le témoignage de ces illustres citoyens, qui n'ont pas l'honneur d'être patentés.

Mais revenons à l'examen général des lois qu'on a fait depuis 1789 pour réglementer le Travail.

A la suite des commotions politiques et sociales de la première Révolution, l'Industrie et le Commerce tombèrent dans une sorte d'anéantissement.

Plus tard, lorsqu'après plusieurs constitutions données à la France l'on s'occupa de la réorganisation de l'Industrie, on s'est fait cette question : Peut-on devenir médecin, pharmacien, imprimeur, boucher, boulanger, en payant une patente. Il y avait du pour et du contre à cet égard à cause du fameux principe. Pourquoi la patente n'aurait-elle pas inoculé l'art et la science de la médecine à celui qui veut être médecin comme elle transmet l'art de l'horlogerie à celui qui veut être horloger : Gil Blas, par exemple, n'était-il pas devenu sous la direction du docteur Sangrado un habile médecin dès qu'il avait été revêtu de la robe noire. Mais les hommes de bon sens ont

compris tout aussitôt malgré leur respect pour les prin-
cipes, qu'il y avait certaines professions dans lesquelles
l'ignorance de ceux qui les exerceraient pourrait produire
les conséquences les plus funestes. On décida avec raison
qu'il fallait avoir obtenu des diplômes, avoir subi des
examens rigoureux pour avoir l'avantage d'exercer l'état
de médecin, d'avocat, de pharmacien, etc. La boulange-
rie, la boucherie même furent soumises à des inspections
particulières et placées d'une manière immédiate sous la
surveillance de l'autorité.

Quant à la multitude des autres professions, depuis les
plus compliquées jusqu'aux plus faciles, la patente seule a
continué et continue encore de tenir lieu de toute instruction, de toute pratique. L'Art et l'ouvrier adroit,
intelligent, instruit, ont été comptés pour rien. L'ouvrier
en un mot, quels que fussent ses talens, n'a plus été compris dans les dépenses de l'entreprise que comme un outil,
une machine dont on était forcé de se servir comme on se
sert d'une échelle ou d'une pompe à feu. — L'ouvrier
lui-même a pris en dégoût son art; il a aussi adoré le
veau d'or, c'est-à-dire le capital, puisque le capital était
tout, puisque par lui on devenait maître dans une profes-

sion, dans un art quelconque. — Aussi l'a-t-on appelé
avec raison le seigneur capital.

Et en effet, que représente à nos yeux un maître-ouvrier
dans un état quelconque? Vous représente-t-il tout d'un
coup un homme instruit, habile dans son art. Comment
le savez-vous? A-t-il fait ses preuves? Remarquez bien
que je ne prétends pas dire qu'il n'y ait pas des gens instruits et habiles parmi les maîtres actuels, — mais je dis
qu'il n'y a ni enseigne ni acte public qui le démontre. S'il
s'agit, par exemple, d'un maître-maçon, d'un maître-
horloger, d'un maître-mécanicien, dira-t-on d'eux comme
d'un avocat ou d'un médecin, nous sommes sûrs d'avance
qu'ils savent leur métier parce qu'ils ont subi sur ce métier des épreuves publiques qui le prouvent, ils sont
bacheliers en horlogerie, licenciés en mécanique; non
vous ne le direz pas parce que cela n'est pas vrai. Cependant il faut avoir des connaissances très-étendues en
statique, en mécanique, pour être mécanicien, pour être
horloger; il faut savoir la géométrie descriptive et le
dessin linéaire basé sur la géométrie pour devenir un
charpentier, un menuisier, etc. Je ne dis pas, et vous
sentez pourquoi, pour devenir un habile charpentier, un

habile menuisier, car un charpentier, un menuisier doivent être habiles, ou ce ne sont pas des charpentiers, des menuisiers dans la véritable acception du mot.

Aujourd'hui l'on est bien obligé de faire une distinction pareille entre les ouvriers de toutes les professions ; il y en a d'habiles, il y en a d'inhabiles, il y a un grand nombre de maîtres qui ne connaissent rien à leur profession, il y en a qui sont hors d'état de répondre aux questions de leurs cliens lorsqu'ils n'ont pas sous la main leur chef ouvrier, le véritable artiste. Bien plus, et c'est à ne pas croire si cela n'était pas vrai, tant le respect pour l'art est tombé en discrédit, il y a des maîtres habiles dans leur profession qui regrettent d'avoir quelque talent parce qu'ils ne peuvent faire comme tant de leurs confrères ignorans, vanter pour bon ce qui est médiocre, et être privés par ce manque d'aplomb que donne l'ignorance, des bénéfices qui reviennent naturellement à ceux qui débitent les qualités inférieures et le bon marché.

Dans cet état de choses déplorable, comment veut-on que l'estime et la considération publiques s'attachent au simple ouvrier qui exerce et qui pratique les professions les plus importantes de l'Industrie.

Dans les expositions publiques de l'Industrie française on a étalé de grandes merveilles, et les récompenses de toutes sortes sont parvenues aux possesseurs de ces grandes merveilles; mais de toutes ces récompenses en avez-vous vu une seule s'égarer et tomber par hasard sur la poitrine de quelques-uns de ces pauvres et habiles ouvriers qui logent au cinquième étage dans le faubourg St-Antoine. — Non sans doute vous ne l'avez pas vu. — Cependant croyez-vous donc qu'il n'y a pas quelqu'une de ces merveilles qui soit sortie tout entière des mains savantes de l'un de ceux-ci. — Certes je suis loin de dire et de croire que tous ceux qui ont reçu les récompenses de l'Industrie ne les aient pas méritées. Je sais que dans les batailles gagnées on commence par récompenser le général et les autres chefs, parce que la plus grande part du succès leur est dûe; mais n'est-il pas d'usage aussi de récompenser le soldat. Ne voyons-nous pas quelquefois nos jeunes compatriotes revenir de l'armée d'Afrique en étalant fièrement sur leur poitrine la croix d'honneur qu'ils ont gagnée sur le champ de bataille; pourquoi donc dans les combats de l'Industrie, le simple soldat, l'ouvrier ne gagne-t-il pas aussi la croix d'honneur ?

Pourquoi cela ? Parce que le capital le cache, lui ferme la route, l'entrave.

Arrière donc, arrière le capital sans la science, sans la connaissance de l'Art. Donnez le titre de maître à celui qui est véritablement maître dans l'art et dans la science, et vous aurez remis les choses à leur place. — Le capital doit être derrière et la science en avant; alors l'estime et la considération publiques s'attacheront à ceux qui auront obtenu le titre de maître, car le véritable maître est celui qui a la science. Lorsque pour s'établir fabricant, entre-preneur, il ne suffira plus de payer une patente et d'avoir le capital, celui-ci ira chercher l'ouvrier habile qui dans des examens publics aura obtenu le titre de maître par ses connaissances dans la théorie et la pratique de son art. — Par ce revirement, le capital, qui était le maître de l'ouvrier habile, sera forcé de le prendre pour compa-gnon et ne sera du moins que son égal.

Alors on pourra avoir à côté de la funeste concurrence

du bon marché, qui n'engendre que la décadence et le discrédit de l'art, on aura, dis-je, à côté la concurrence du beau idéal dans les arts, du bon et du bien fait.

A côté de la Sorbonne, qui sert de sanctuaire à la Faculté des Lettres et des Sciences, nous aurons une Sorbonne nouvelle qui sera le sanctuaire des Arts pratiques.

Là le Gouvernement fera afficher ses programmes, là les épreuves seront publiques; on y distribuera les diplômes de maître-ès-arts comme on distribue ceux de bachelier-ès-lettres et ceux de licencié-ès-sciences. On pourra, on devra même le faire avec autant de solemnité que l'on distribue les récompenses annuelles aux lauréats de grec et de latin.

Ce serait ici le lieu de développer mes idées à ce sujet, et de faire connaître comment j'entends la distribution de la nouvelle Faculté des Arts, mais auparavant qu'il me soit permis de faire encore quelques réflexions sur cet objet.

Dans les Gouvernemens qui nous ont précédé, on a

beaucoup et souvent parlé d'améliorer le sort de la classe dite ouvrière, comme si nous n'étions pas tous des ouvriers, ainsi que l'a dit M. Michelet. Comment entend-on cette amélioration? Est-ce en multipliant les hospices, les hôpitaux, les bureaux de bienfaisance, les ateliers de charité? Si j'étais ouvrier je dirais non. Ce n'est pas cette amélioration là qu'il me faut, je ne veux pas d'aumône; je veux d'abord l'honneur pour ma profession, que l'estime et la considération publique s'attachent à mon travail. Mais pour que cela ait lieu, — il faut qu'il y ait un mérite reconnu, qu'il y ait un signe certain, patent pour le reconnaître; il faut que ces hommes que vous voulez sortir de leur obscurité et qui eux-mêmes sentent leur importance, obtiennent ce signe de leur mérite et de leurs talens.

Dans les élections de la garde nationale plusieurs simples ouvriers ont été promus à des grades supérieurs, d'autres ont été même admis dans l'Assemblée nationale; quelques personnes s'en sont étonnées, d'autres s'y sont prêtées en raison des circonstances. — Pourquoi cette hésitation, est-ce parce qu'ils sont pauvres? Non sans doute, car si l'on propose pour ce même grade un médecin

ou un avocat, on ne s'informe pas s'ils sont riches, et l'on
ne s'en informe pas parce que la considération s'attache
naturellement au titre qu'ils portent. Il en sera de même
lorsque vous direz d'un citoyen au lieu de : C'est un
simple ouvrier ; c'est un maître-ès-arts, parce qu'il a subi
ses épreuves de maître soit dans la serrurerie, soit dans
l'horlogerie, etc. — Mais il n'a pas de boutique brillante,
il travaille même pour ses confrères ; qu'importe il n'est
pas moins leur égal reconnu par le talent, puisqu'il est
maître-ès-arts comme eux. Il sera dans le cas de ces jeunes
avocats ou de ces jeunes médecins qui s'attachent à une
réputation célèbre et qui ne sont pas moins eux-mêmes
des médecins et des avocats distingués, parce que les
hommes célèbres n'ont pas pour habitude de s'entourer
d'hommes médiocres.

Dans ces professions d'avocat et de médecin que je
prends pour exemple, arrive-t-il ce qui a lieu si souvent
entre les ouvriers et le maître-ouvrier actuel : celui-ci
non-seulement ne sait pas très-bien son état, mais encore
il manque le plus souvent de l'instruction la plus élémen-
taire, sait à peine lire et écrire, à peine parler français, tandis qu'il a parfois parmi ses ouvriers des hommes

instruits qui ont pour lui un souverain mépris. Mais, dira-t-on, est-ce que vous voulez faire cela pour toutes les professions, pour les marchands, par exemple? Et pourquoi pas? Dès l'instant que vous vendez une denrée vous devez être en état d'apprécier sa bonté, sa qualité; vous devez savoir reconnaître si elle ne serait pas nuisible; — vous devez avoir le talent nécessaire pour cela. — Dès l'instant que vous êtes établi, que l'État protège votre magasin, vous exercez une sorte de magistrature, il a droit d'exiger des garanties d'instruction dans votre métier.

Maintenant, dira-t-on encore, aurez-vous les mêmes exigences dans les petites villes de province, dans les villages, pour les professions qui y seront exercées comme dans les grandes villes. Non sans doute, nous imiterons ce qui a lieu pour les professions de notaire, d'avoué, d'huissier, etc.; on se contentera en attendant mieux de garanties inférieures, mais enfin il faudra partout des garanties d'instruction, par ce que l'ignorance n'est bonne à rien.

On a parlé depuis quelque temps de la nécessité de

créer un Ministère de l'Organisation du Travail, et des personnes ont demandé ce que ce Ministère aurait à faire. Si mes plans étaient adoptés, certes il ne manquerait pas de besogne. Au reste, je ne suis pas partisan de ces créations nouvelles de Ministères, je pense que nous en avons déjà trop et qu'il vaudrait mieux en joindre plusieurs ensemble. Aussi pour donner au Travail et à son établissement sur des bases nouvelles toute l'importance qu'il mérite, le Ministère proposé pourrait être joint au Ministère des Travaux publics ou à celui de l'Agriculture et du Commerce.

D'abord il faudrait rejeter avant tout le principe sur lequel repose aujourd'hui toute l'Organisation actuelle du Travail et de l'Industrie, c'est-à-dire que le capital donne le droit d'exercer un état quelconque sans garantie de savoir et d'instruction.

Il faudrait ensuite dresser et publier les programmes des conditions d'instruction et de bonne conduite exigées des concurrens pour obtenir les diplômes dans chaque profession, à l'instar de ce qui se pratique soit pour les écoles militaires, soit pour les écoles civiles.

On ne peut se dissimuler que ce serait un travail assez considérable et ardu, mais le Gouvernement pourrait s'entourer pour l'accomplir des lumières des hommes qui se sont le plus distingués dans chaque profession. Il y a d'ailleurs dans nos bibliothèques des collections magnifiques et anciennes des arts et métiers qui représentent pas à pas les opérations de chaque profession. Quoique les arts aient fait depuis le dernier siècle de grands progrès, cependant on pourrait y trouver les bases principales des programmes.

Quant aux connaissances exigées, elles se diviseraient nécessairement en deux parties. La partie théorique, qui comprendrait l'obligation de savoir lire et écrire correctement, puis la seconde partie, qui serait la plus importante et qui s'appliquerait à la pratique de l'art.

On conçoit bien d'avance que toutes ces épreuves devraient être gratuites. Pour les objets pratiques qui devraient être exécutés par les concurrens et qui remplaceraient le chef-d'œuvre qu'on devait exécuter sous les anciennes maîtrises, il serait même convenable de leur fournir le local et les matières premières qu'ils devraient

employer. —. Les meilleures choses parmi ces chefs-
d'œuvre pourraient être produites aux grandes expositions de l'Industrie nationale, et faire obtenir des
récompenses à leurs auteurs.

Le Ministère de l'Organisation du Travail établirait dans
chaque ville une Faculté des Arts à l'instar de la Faculté
des Sciences. — Celle-ci contiendrait nécessairement
bibliothèques, amphithéâtres, salles d'expositions de
modèles de toutes sortes. — Il faudrait en outre qu'il y
eût des cours de toute nature, des cours élémentaires des
sciences et surtout des cours sur les arts pratiques, de
manière que l'homme laborieux à tout âge et dans toutes
les positions de sa vie pût trouver à s'instruire. — Non-
seulement ces cours devraient attirer les travailleurs après
leur journée accomplie, dans un but d'instruction, mais
encore dans un but de délassement, car il est bon si l'on
veut rendre les hommes meilleurs de leur faciliter de
bonnes habitudes qui puissent les enlever à la fréquenta-
tion des mauvais lieux où ils contractent trop souvent les
goûts de l'ivrognerie et des jeux de hasard.

Aussi dans les Facultés le Gouvernement pourrait favo-

riser la formation d'Académies d'Industrie où les maîtres-
ès-arts pourraient se réunir et se communiquer leurs
pensées sur les meilleurs moyens d'améliorer les mé-
thodes industrielles. — Ce serait en quelque sorte les
Chambres de l'Industrie que le Gouvernement pourrait
consulter sur tout ce qui intéresserait la prospérité des
Arts et du Travail.

Les bornes que je me suis imposé en faisant cet écrit
ne me permettent pas de m'étendre sur les développe-
mens à donner au principe que je propose.

Sans doute quelques personnes diront que je n'apporte
pas pour le moment beaucoup d'améliorations matérielles;
— patience, — il y en a d'autres que l'on pourra joindre
à celles-ci; mais déjà, je pense que c'est quelque chose
d'assez important pour la classe ouvrière et pour la prospérité des arts, que de mettre les talens bien constatés
au-dessus du capital, qui malheureusement pour notre
époque et pour notre moralité joue un si grand rôle, un
trop grand rôle dans nos affaires publiques et particulières.

Plus tard, nous examinerons les améliorations matérielles qu'on peut joindre à celles intellectuelles et artistiques que nous venons d'indiquer; plus tard aussi nous examinerons cette question plus difficile encore sur les moyens de fournir constamment au prolétaire le Travail avec lequel il obtiendra constamment le pain dont il a besoin pour se nourrir avec sa famille, et qu'il a traduite par cette devise : « Vivre en travaillant..... » Je ne veux pas ajouter le reste de la phrase qui n'a rien de fraternel pour personne.

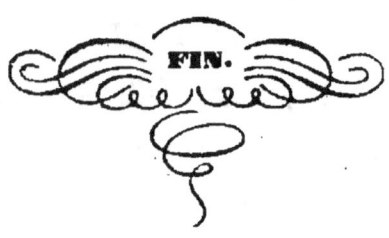

FIN.

MONTEREAU. — IMP. DE T. MOROSVAL.

www.ingramcontent.com/pod-product-compliance
Lightning Source LLC
Chambersburg PA
CBHW030127230526
45469CB00005B/1843